Inhalt

Der Bewerbungsprozess - Die reine Wahrheit oder Schummeln erlaubt?

Kernthesen

Beitrag

Fallbeispiele

Weiterführende Literatur

Impressum

Der Bewerbungsprozess - Die reine Wahrheit oder Schummeln erlaubt?

M.Rinkenburger

Kernthesen

- Die Entwicklung der vergangenen Jahre Mitarbeiter aus Kostengründen zu entlassen hält weiter an. Dies führt dazu, dass auf dem Arbeitsmarkt derzeit ein erbarmungsloser Konkurrenzkampf herrscht. (1)
- Viele Arbeitssuchende konkurrieren zum Teil um nur wenige Arbeitsplätze und versuchen deshalb mit allen Tricks die Hürden der Bewerbung hin zu einer

Einladung zum persönlichen Gespräch zu nehmen. Dies führt dazu, dass immer öfter auch zu Mitteln außerhalb der Legalität gegriffen wird. (1)
- Unternehmen müssen aus einer Flut von Bewerbungen die richtigen Kandidaten herausfinden. Kapazitätsengpässe in Personalabteilungen führen dazu, dass oftmals nicht der richtige Bewerber sondern der Bewerber eingestellt wird, der das überzeugendste Auftreten oder den eindruckvollsten Lebenslauf vorweist. Darunter leiden vor allem ältere Arbeitssuchende. (7)

Beitrag

Einerseits hilft der Einsatz von Computern, Scannern, Bildbearbeitungsprogrammen und sonstigen Hilfsmitteln zur Gestaltung von Bewerbungsunterlagen dem Bewerber seine Bewerbungsunterlagen ansehnlich zu gestalten. Anderseits können diese Hilfsmittel Arbeitssuchende auch dazu verleiten, Missbrauch zu betreiben und Dokumente zu fälschen, zu ändern oder zu beschönigen. (6), (8) Ratgeber oder Bewerbertrainings animieren Arbeitssuchende zum Teil auch zu einer überzogenen Selbstdarstellung mit dem Argument, dass Firmen bei den Produktbeschreibungen auch überziehen. (1)

Aktuelle Bewerbersituation

Auf dem Bewerbermarkt bewegen sich derzeit viele Schul- und Hochschulabsolventen aber auch viele mehr- und langjährige Fach- und Führungskräfte die sich um die wenigen Stellen bemühen. (7) Hatten vor einigen Jahren die Unternehmen noch das Problem geeignete Mitarbeiter zu finden, so stehen sie heute vor der Problematik, aus der Flut an Bewerbungen den richtigen zu identifizieren. (7) Aus diesem Grund müssen sich die Bewerber immer mehr von der Masse abheben, um überhaupt eine Chance zu haben, zu einem persönlichen Gespräch eingeladen zu werden.

Schriftliche Bewerbungsunterlagen

Unternehmen müssen bei der Beurteilung und Bewertung der schriftlichen Bewerbungsunterlagen immer kritischer lesen und hinterfragen, um zum Beispiel folgende Fallen in Lebensläufen ausfindig zu machen: (1)

- Lücken im Lebenslauf oder Arbeitslosigkeit werden mit einer freiberuflichen Consultant-Tätigkeit beschrieben
- Studien mit den entsprechende Semesteranzahlen lassen einen Abschluss vermuten, der aber nie erreicht wurde und durch Zeugnisse auch nicht nachgewiesen ist.
- Auslandssemester an unbekannten Hochschulen werden angegeben, die allerdings ohne Nachweise bleiben bzw. deren Richtigkeit fraglich ist.
- Arbeits- und Abschlusszeugnisse werden beigelegt, die zuvor am Computer bearbeitet wurden.

Bewerber müssen sich den Anforderungen der Unternehmen stellen. Aufgrund der hohen Bewerberzahlen erwarten viele Großunternehmen Bewerbungseingänge durch standardisierte Prozesse über ihre Internetseiten. Diese Bewerbungen müssen den jeweiligen Anforderungen entsprechen. Den Bewerbern wird dadurch die Möglichkeit genommen durch individuell gestaltete Bewerbungsunterlagen auf sich aufmerksam zu machen. (2) Für Bewerber und Unternehmen ergeben sich dabei folgende Vor- und Nachteile:

- Bewerbungen werden automatisch in entsprechenden Datenbanken erfasst
- Bei der Besetzung weiterer Stellen werden Auswertungen über die Datenbanken vorgenommen.

Dadurch werden auch potentielle Kandidaten gefunden die auch auf Stellen passen, ohne sich explizit darauf beworben zu haben
- Bewerbungen können aufgrund durchgängiger Workflows schneller bearbeitet, weitergeleitet oder abgesagt werden
- Unternehmen erhalten viele Bewerbungen zusätzlich, da Bewerber sich teilweise schnell und ohne großen Aufwand bewerben können und es einfach mal versuchen
- Bewerber die sich normalerweise durch entsprechend gestaltete Bewerbungsunterlagen auszeichnen werden von den Unternehmen kaum mehr identifiziert
- Aufgrund der Möglichkeit einer schnellen Bewerbung wird von Bewerbern Layout, Rechtschreibung oder Form stark vernachlässigt.

Das Telefoninterview

Nach der Erstselektion der schriftlichen Bewerbungsunterlagen wird bei verschiedenen Unternehmen aus Zeitgründen im nächsten Schritt ein Telefoninterview einem Vorstellungstermin vorgezogen. (9) Folgende Punkte können vorab durch ein Telefoninterview geklärt werden:

- Fragen nach den Gehaltsvorstellungen wenn das Gehalt ein k.o.-Kriterium für die Stellenbesetzung ist.
- Wie flexibel und überzeugend reagiert der Bewerber, wenn er überraschend vom Unternehmen angerufen wird und wie kommunikativ ist er am Telefon.
- Durch einen Anruf in der für das Unternehmen wichtigen Fremdsprache kann schnell geklärt werden, ob die angegebenen Fremdsprachenkenntnisse wirklich vorhanden sind.
- Lücken im Lebenslauf können vorab hinterfragt werden, wenn der Bewerber an sich interessant ist, es aber zunächst noch offene Punkte gibt, die es zu klären gilt.

Das Vorstellungsgespräch

Im Vorstellungsgespräch zeigt sich erstmals, ob sich die Ergebnisse aus Bewerbung und Telefoninterview mit dem persönlichen Auftreten des Bewerbers decken. Aber auch der Bewerber lernt erstmals das Unternehmen und Mitarbeiter des Unternehmen kennen und kann sich einen Eindruck verschaffen, ob das Unternehmen zu seiner Persönlichkeit passt. Für beide Gesprächspartner gilt es einen entsprechenden Eindruck zu hinterlassen. (5), (9)

- Stimmt das persönliche Erscheinungsbild und das Auftreten mit den Unterlagen überein und passt es zu der zu besetzenden Position.
- Berufserfahrungen und Projekte sollten zwingend hinterfragt werden.
- Das Unternehmen sollte sich Vorgehensweisen, Ergebnisse und Projekte konkret schildern lassen und auch nach dem tatsächlichen Beitrag des Bewerbers fragen.
- Kurzfristige und langfristige Erwartungen des Bewerbers ansprechen, bezogen auf die Position und seine persönliche Karrierevorstellungen.
- Der Bewerber sollte Gründe aufzählen können warum das Unternehmen ihn einstellen oder ausbilden soll (7)
- Der Bewerber sollte sich bei Antworten auf Fragen nicht dadurch leiten lassen, welche Antwort das Unternehmen am liebsten hören würde, sondern auch andere Vorstellungen vorbringen. Für bestimmte Positionen ist es unabdingbar, dass der Mitarbeiter einen überzeugenden eigenen Standpunkt vertritt.

Assessment Center und Persönlichkeitstests

In einem Asssessment Center werden über einen oder

mehrere Tage ausgewählte Bewerber von mehreren Beobachtern bei der Bearbeitung von Aufgaben in verschiedenen Situationen beobachtet und bewertet. Bausteine eines Assessment Centers können z. B. Gruppenaufgaben, Präsentationen oder Interviews sein. Die Bewerber müssen Aufgaben bewältigen die realen Situationen entsprechen und dabei wird vor allem ihre Persönlichkeit, Leistungskompetenz oder soziale Kompetenz beobachtet. (9), (2)

Teilweise setzen Unternehmen sogenannte Online-Assessments ein. Hierbei handelt es sich um internetgestützte Tests, die alle eingehenden Bewerber nach bestimmten Kriterien auswählen. Nur wer diese Einstiegshürde bewältigt, hat die Möglichkeit seine persönlichen Bewerbungsunterlagen einzureichen.

Liegt der Schwerpunkt von Assessment Centern bei der Beobachtung von verhaltensorientierten Kompetenzen so haben Persönlichkeitstests die Persönlichkeitsmerkmale der Bewerber im Focus. (3) Bisher werden in Deutschland Persönlichkeitstests eher skeptisch gesehen. Langsam ist aber eine Entwicklung zu erkennen, dass auch in Deutschland Persönlichkeitstests immer öfter zum Einsatz kommen. Der Persönlichkeit des Mitarbeiters wird eine immer stärkere Bedeutung beigemessen. Deshalb werden Unternehmen bereits bei der Auswahl die

Chance nutzen, mit Unterstützung entsprechender Tests den richtigen Mitarbeiter einzustellen. (3)

Fazit

Für Bewerber und Unternehmen ist die derzeitige Arbeitsmarksituation eine große Herausforderung. Unternehmen bauen Arbeitsplätze ab, um Wettbewerbsfähig zu bleiben. Jede Neueinstellung eines Mitarbeiters birgt für sie das Risiko, dass dieser über viele Jahre im Unternehmen bleibt, auch wenn sich die Einstellung als Fehlentscheidung herausstellen sollte. Deshalb gehen Unternehmen derzeit sehr selektiv bei Einstellungen vor. Die Bewerber stehen ihrerseits vor der Problematik, dass sie sich bei der Vielzahl an Bewerbern von der Masse abheben müssen, um überhaupt eine Chance auf einen neuen Arbeitsplatz zu haben.

Solange sich die arbeitsrechtlichen Rahmenbedingungen nicht ändern, wird diese Problematik weiter Bestand haben. Durch eine Regulierung der Arbeitsgesetze würden Unternehmen wahrscheinlich wieder verstärkt Mitarbeiter einstellen, wenn sie die Möglichkeit hätten, bei Fehlentscheidungen sich schneller als bis jetzt von dem jeweiligen Mitarbeiter trennen zu können.

Fallbeispiele

Ein Bewerber hat sich sein Zeugnis selbst geschrieben und unterschrieben, um eine Einstellung bei einer Zeitarbeitsfirma zu erreichen. (8)

Der Firma eines neu eingestellten Mitarbeiters erreicht kurze Zeit nach der Einstellung ein Pfändungsbeschluss über 500.000 Euro. Der Mitarbeiter hatte das Geld seiner alten Firma entwendet und war fristlos entlassen worden. Das hervorragende Zeugnis war allerdings selbst geschrieben und die Unterschrift gefälscht. (1)

Die TUI führt Telefon-Interviews durch, um einen ersten Eindruck vom Bewerber zu erhalten und die Ernsthaftigkeit seiner Bewerbung zu hinterfragen. (9)

In Spanien, Großbritannien und den Benelux-Ländern setzten rund 70 Prozent der Unternehmen Persönlichkeitstests bei der Auswahl von Führungskräften ein. (3)

Bei Bosch, TUI oder DB Direkt werden

Persönlichkeitstests bei der Auswahl von Hochschulabsolventen, bei der Besetzung von Managementpositionen oder auch bei der Personalentwicklung von Führungskräften eingesetzt. (3)

Weiterführende Literatur

(1) Bewerber als Betrüger
aus Süddeutsche Zeitung, 22.10.2005, Ausgabe Deutschland, S. V1/15

(2) Transparente Personalauswahl Arbeitgeberseiten im Internet auf dem Prüfstand
aus DIE WELT, 24.09.2005, Nr. 224, S. B2

(3) Chancen erkannt Mit seriösen Persönlichkeitstests lässt sich die Qualität bei der Personalauswahl verbessern. Auch deutsche Unternehmen setzen sie jetzt vermehrt ein. Personalmanagement
aus Capital vom 15.09.2005, Seite 102

(4) "Die erste Hürde nehmen" - Schriftliche Bewerbung um einen Ausbildungsplatz muss gut ausgearbeitet sein
aus Giessener Anzeiger vom 10.09.2005

(5) Klartext: Claus Peter Müller-Thurau "Jede Bewerbung ist wie Flirten" Wer die Regeln guten

Benehmens kennt, hat mehr Erfolg bei der Jobsuche.
aus Hamburger Abendblatt, 20.08.2005, Nr. 194, S. 3

(6) Albert, Angelika, Klemmmappen, keine Klarsichthüllen, Welt am Sonntag, 14.08.2005, Nr. 33, S. 60
aus Hamburger Abendblatt, 20.08.2005, Nr. 194, S. 3

(7) O.V., Alter Hase sucht neue Stelle, Computerwoche, 26.08.2005, Nr. 34, S. 39
aus Hamburger Abendblatt, 20.08.2005, Nr. 194, S. 3

(8) Schneider, Alexander, „Selbst gebasteltes" Zeugnis kam Kelkheimer teuer zu stehen, Höchster Kreisblatt, 29.07.2005, S. 19
aus Hamburger Abendblatt, 20.08.2005, Nr. 194, S. 3

(9) Bewerbungshürden souverän meistern Personal-Profis verraten, worauf Sie beim Einstellungsmarathon achten müssen
aus Frankfurter Rundschau v. 23.07.2005, S.23

Impressum

Der Bewerbungsprozess - Die reine Wahrheit oder Schummeln erlaubt?

Bibliografische Information der deutschen Nationalbibliothek

Die Deutsche Nationalbibliothek verzeichnet diese Publikation in der deutschen Nationalbibliografie; detaillierte bibliografische Daten sind im Internet über http://dnb.d-nb.de abrufbar.

ISBN: 978-3-7379-0897-9

© 2015 GBI-Genios Deutsche Wirtschaftsdatenbank GmbH, Freischützstraße 96, 81927 München, www.genios.de

Alle Rechte vorbehalten. Dieses Werk ist einschließlich aller seiner Teile – z.B. Texte, Tabellen und Grafiken - urheberrechtlich geschützt. Jede Verwertung außerhalb der Grenzen des Urheberrechtsgesetzes bedarf der vorherigen Zustimmung des Verlags. Dies gilt insbesondere auch für auszugsweise Nachdrucke, fotomechanische

Vervielfältigungen (Fotokopie/Mikroskopie), Übersetzungen, Auswertungen durch Datenbanken oder ähnliche Einrichtungen und die Einspeicherung und Verarbeitung in elektronischen Systemen.